崔宗奎 제 9시집

섬. 25

도서출판 배문사

崔宗奎 제9시집

심.25

BM BOOKS

서序 .... 변명

맑은 시냇가에서 사슴 한 마리가 물을 마시고 있었다. 물속에 비친 자신의 뿔이 참 아름다워 보였다. 사슴은 자신의 뿔을 자랑하고 다녔다. 그러다가 어느 날 사냥꾼에게 쫓기는 신세가 되었다. 황급히 달아나고 싶었지만 그 뿔이 나뭇가지에 자꾸만 걸려 앞으로 더 나아가기가 힘이 들었다. 그제서야 사슴은 자신의 뿔이 결코 자랑이 될 수 없음을 깨닫게 되었다.

'이솝' 우화의 한 도막을 늘 떠 올리며 나는 평생을 살아가고 있다.

시란 도대체 무엇인가? 시는 내 삶을 지탱해주는 주춧돌이다. 그러나 이 시로 말미암아 나는 늘 고뇌 속을 꾸준히 헤매었다. 시간적으로, 경제적으로, 사회적으로, 그리고 생활적으로 많은 것을 잃고 잃으며 살아왔다. 그러면서도 이를 어찌하지 못하는 내가 개탄스러울 때가 참 많았다. 마치 머리 위의 뿔을 어찌하지 못하는 우화 속의 저 사슴처럼.

그래도 시는 내 삶의 윤활유였다. 그러나 한 편으론 이미 걸러냈어야 하는 오염된 윤활유에 지나지 않음을 실감하기도 했다. 그리하여 많이 자괴하고 성찰하며 절망하기도 했지만 이는 이미 체질로 굳어버려 어찌할 수가 없게 되었다. 그러므로 항상 시를 떠나있지 못하는 안타까움이 내게 늘 도사리고 있다. 끊고 싶어도 끊어지지 않는 참 묘한 인연이다.

그러한 마력이 이 시 속에 들어있는지도 모르겠다. 이 시집을 109편으로 묶는 연유도 그러한 나의 번뇌(108번뇌)를 뛰어넘고자 함의 뜻이다.

시를 쓰는 인구가 일 만 여명에 이르는 게 오늘의 현실이다. 시인이 많아졌다는 것은 매우 바람직한 것이라고 할 수 있다. 그러나 이의 부작용 또한 엄청나다. 이는 문학하는 사람들이 저지른 사회악의 큰 축이기도 하다. 소위 신인추천을 빙자해 책장사를 하는 잡지사들에 나는 전혀 동조한 적이 없다. 또한 문단의 잡스런 정치행태에도 비교적 초연하게 살려고 해왔다. 이 혼탁한 길에서 이렇게라도 나를 지탱해준 것은 그래도 시라는 것을 쓰며 그 시에서 위안을 받아왔지 않는가 싶다.

이제는 시를 쓴다는 것이 결코 자랑스럽지도 부끄럽지도 않은 세상이 되었다. 그러므로 나는 시를 쓴다는 말을 잘 내뱉지 않고 살아간다. 시인이 홍수로 넘쳐나는 이 시대에 나는 정말, 정말로 무슨 시를 쓸 것인가? 이것이 나에게 주어진 앞으로의 가장 절박한 명제로 남게 되었음을 깨닫게 되었다.

가능하면 열권의 시집을 채우고 저 세상으로 조용한 여행을 떠나고 싶다. 그런 특전이 주어질 수 있다면 하는 간절함이 이제 와서 더욱 절실하다.

앞으로 채우고자하는 마지막 한 권의 시집에 이런 절박함이 가득 채워질 수 있기를 다짐하며 아홉 번째 시집을 내는 변명에 갈음한다.

2012년 초가을
湖林齋에서
저자

차 례

제2부 지평선 들길

제4부 흔들리는 섬

제5부 하늘 마실길

영역시(英譯詩) 2편

평설(評說)

제1부

세월의 섭쓸림

오늘

종합병원 중환자실에서
어제 세상을 떠난 이가
그토록 애타게 갈망하며
간절히 살고 싶어 한 오늘,

대망待望의 이 오늘을
건강히
내가 살고 있음에
마음 깊이 감사하자.

나에게 주어진 오늘이
이 세상 최후의 날,
마치 마지막
하루를 사는 것처럼,

오늘을
알뜰히 아끼고
소중히 다독이며
알차게 기꺼이 살아가자.

배낭하나 들쳐 메고

배낭하나 들쳐 메고
훌훌 털고 떠나보자.

산이면 어떻고
들이면 어떠랴.

배낭하나 등에 메고
바람처럼 나서보자.

바다면 어떻고
섬이면 어떠랴.

배낭하나 걸머지고
갈지자로 걸어보자.

구름이면 어떻고
강물이면 어떠랴.

멧비둘기

구구구,
구구구.

계집도 죽고
자식도 죽고,

구구구,
구구구.

자식도 죽고
계집도 죽고,

구구구,
구구구.

해거름 지나도록
구슬퍼 운다.

그대 이름

그대 모습 떠오르면
맘속 귀퉁이
오색등불 환하게 밝혀진다.

빨강, 파랑,
노랑, 주황,
연초록빛깔.

철 따라 돋아나는
싱싱한 꽃 대궁
우산 펴듯 만발한다.

금잔화, 봉선화, 장미화,
꽃잎에 배어나는
해맑은 향기 ……

그대 모습 떠오르면
목청 드높여
미치도록 그 이름 부르고 싶다.

사랑의 무지개

흔들리는 내 영혼
한 마리 나비 되어
그대에게 사뿐 내려앉는다.

그댄 포근한 햇볕이 되고
훈훈한 바람이 되어
아지랑이로 피어오른다.

해맑게 피는 한 송이
여린 꽃술에 앉아
진한 향기 물씬 취한다.

꽃은 나비에
나비는 꽃에
서로 취하여 흥얼대는 춤사위,

두 영혼 하나로
치솟는 분수 되어
하늘 높이 무지개 띄워 올린다.

그대를 향한 기도

새벽 일찍 깨어나
그댈 위해 기도합니다.
메리 크리스마스!

하늘엔 영광
땅 위엔 평화
그대엔 충만한 은혜.

눈이 내리지 않아도
서로를 느끼며
포근한 하루 따스한 새해가 되기를.

비록
추운 겨울 속에
우리 함께 갇혀 있을지라도,

뜨거운 가슴 부비며
사랑으로 만날 날
다시 빨리 맞게 되기를.

채워지지 않는 잔盞

나는 날마다
그대 잔盞 안에
넘치도록 사랑을 부어대지만,

그대는 언제나
성 안 차는 아쉬움
목마른 혀를 내민다.

넘치도록 붓고 부어대도
채워지지 않는
그대 잔속의 내 그림자,

들이키고 들이켜도
풀리지 않는 갈증
기대만큼 아쉬움 불어난다.

기대와 현실
바램과 실망의
술래잡기,

그대 잔 안에
난 항상 채워지지 않는 술이고
그댄 나에게 늘 비어있는 잔이다.

그대의 찬 손

부자유스런
그대 걸음걸이
손을 내밀어 부축해본다.

게 발이 다된 손
꽉 잡아 쥐니
흘러간 날들이 무척 아쉽다.

늙는 것도 서글픈데
거동마저
굼뜨고 힘든 나달,

걸은 길 되짚으면
회한悔恨만 쌓이는
허망한 물보라 ……

그렇게 사는 것이
아니었는데! 아니었는데!
때 늦은 후회 가슴 저민다.

세월의 섭쓸림

흐르는 물은
쉬지 않는다더니,
허공을 나는 화살 같다더니.

하 많은 구비
소용돌이 휘말려
흔들리고 출렁이며,

흐르는 것은
노을처럼
자취 없이 스러진다더니.

활 떠난 화살은
잡을 수 없다더니,
세월은 유수와 같다더니 ……

99, 88의 소망

나이 20대엔 시속 20km,
40대엔 40
60대엔 60km로
시간이 스쳐간다고 한다.

그럼 30대엔 30,
50대엔 50
70대엔 시속 70km이니
난 틀림없는 70짜리다.

세월은 유수와 같다는
시쳇말처럼
출렁거리며 흐르는 물살,

시속 70km로
내달리는 이승에서
난 99, 88에 2, 3, 4를 소망한다.

세월의 강물

창 너머
먼 산기슭에서
하얀 아침 안개
야울야울 피어오른다.

환하게 퍼져가는 햇살
징명한 시공을 누비며
여울져 넘쳐
바다를 이룬다.

멎은 듯 고요한
산하山河를 타고
출렁거리는 세월,

허공 자욱 맴돌며
끊임없이 흐르는
저 강물이 보인다.

엄뫼母岳에 오르며

나이란
한갓 숫자에 불과하다
자신해 왔는데,

헐떡이며 고루는 숨
다리가
마음을 따라주지 않는다.

오르다가 쉬며
우러르는 숲 하늘
푸른 빛깔 새삼 두려워라.

구부러진 소나무
모난 바위
모두 다 예 대론데,

나이 앞에 장사 없다는 말대로
가쁜 숨 몰아쉬는
내 육체만, 지체만 많이 변했구나!

나무의 겨울나기

가을이 깊어갈수록
나무는
잎들을 모조리 떨쳐버린다.

훌훌 털고 서서
맨 몸으로
강추위 겨울을 다독인다.

찬바람에 으스스 떨지라도
봄을 기다리는
간절한 소망으로 충만充滿하다.

영장靈長이라 우쭐대는 우린
한 번 늙어지면
되찾을 수 없는 젊음,

헐벗고도 나무는
새싹 피울 봄날의
소생蘇生할 꿈에 부풀어 산다.

무료한 날

무덥고
끈적이며
불쾌한 오후,

시원한
소나기 한줄기
목마름 탄다.

차단된
바람
닫친 벽창호,

기다릴 사람
하나 없는
외로운 그리움,

똑딱이는
시계소리
적막감을 달랜다.

떠도는 영혼

이승엘 떠돌다가
저승까지 맴도는
그림자 하나 일렁이고 있다.

저승을 헤매다가
이승에 떠도는
한자락 바람이 휘돌고 있다.

세상의 이 저쪽 가르며
넘나드는
어둔한 기미氣微덩이.

이승에든
저승에든 기대서며
머물려 몸부림쳐도,

매일 곳 없이 따돌려
구천九天을 맴돌아
방황하며 떠도는 영혼이 있어라.

가을 물빛

호수의 가을은
후광後光을 받으며
기도하는 소녀상이다.

달궈진 여름 열기를
말끔히 씻어내고
잔잔한 만큼
빛어내는 투명한 빛 더미다.

눈 시린 정결함
고여 넘쳐
징명澄明하게 울어나는
안온한 평화,

가을 호수는
골똘한 몰골로 좌정한
로댕의 생각하는 사람이다.

승강기 앞에서

내려와선 올라가고
올라가선
내려온다.

내려오는
사람 곁에
올라가는 이,

올라가는 이 옆에
내려오는
사람이 있다.

올라가서 내려오고
내려와서 올라가는
엇갈림 살이.

오르락내리락
분주한
여닫이문 앞에,

머뭇머뭇 서성이고
주저주저 망설이며
나는 마냥 서 있다.

러닝머신

아침 일찍부터
걷고 걸어도
나는 항상 제자리다.

두 팔 휘저으며
앞 똑 바로 걸어도
제자릴 벗어나지 못한다.

돌고 도는 발판
움직이는 계기計器만큼
계수計數는 오르지만,

돌아가는 쳇바퀴
비 내리고 바람 불고
해 뜨고 달이 진다.

모두들 앞으로 잘 나가는
평탄한 길 위에
나만이 꽉 막힌 지평地平,

두발 뚜벅뚜벅
땀 뻘뻘 걸어도
난 언제나 제자릴 겉돌고 있다.

꽃 천지

4월 강산은
화사한 꽃 천지다.
산과 들이 온통 색칠한다.

들풀은 들풀대로
나무는 나무마다
한가락씩 곱게 뽑아낸다.

빨갛고 하얗고
노란 함박웃음
맞으며 보내는 도로행렬.

천지 가득
꽃 향 넘쳐나는
4월 금수강산,

저마다 서로 다퉈
단장한 제 자랑 뽐내며
조용한 아침나라 개선凱旋한다.

오월

오월은
짙푸름
짙푸름 그 자체다.

나풀거리는
이파리들
환희로 춤추는 몸짓이다.

흘러가는 강물
떠도는 흰 구름
흥 돋우며 얼씨구 타령한다.

보일 듯 뵈지 않고
잡힐 듯 잡히지 않는
윤기潤氣 짙은 계절,

따뜻한 햇볕이며
살랑대는 바람
계절의 환희이고 축복이다.

정동진 해맞이

수평선 자욱한
바다안개 제치며
커다란 횃불덩이 솟아오른다.

이글이글 끓는 쇳물
넘실대는 파도 위에
합죽선 활짝 펴는 햇살.

덩그런 모래시계
영원 속의 찰나
간절한 소망을 염원한다.

기다란 해안선
모래톱 위를
철썩이며 치부는 너울바람.

하늘 땅 바다에
어둠 모조리 불사르며
또 하루 새날을 수놓고 있다.

용담호길

진안을 지나 정천
주천, 용담을 휘돌아
용담호 한 바퀴 빙 둘러가자.

철따라 손 흔드는
개나리
철쭉, 코스모스 미소.

안천, 동향,
상전을 끼고돌며
천반산 고스락도 바라보자.

터 잃은 수몰水沒 아픔
망향 탑에 새겨
우뚝 세운 전망대,

하늘 길 열며
무지개다리 놓는
시원한 음악분수.

우거진 수풀 물빛 서려
눈 시린 짙푸름,
용담호의 저 장엄을 닮아보자.

무주풍수

무주 읍내는
햇볕 유난히 따사로운
고향집 안방 같은 포근함이다.

진산鎭山이 휘둘러
층층이 벌려서 이어온
배산임수의 아늑한 터전,

좌청룡 우백호
앞내 여울 너머
훨훨 나래 펴는 봉황의 상象이다.

양명한 산 열림
청철淸澈한 물 흐름
인심 밝히는 반딧불이 ……

명징한 햇볕
삽상한 바람
달 머리 별빛 자아내는,

무주 읍내는
대대로 이어 손손이 물려갈
반도에 으뜸가는 천하의 길지다.

섬 바디 꽃

하얀 고깔
뒤집어 쓴
앳된 섬 처녀.

낯선
뭍 사내에
수줍은 미소 띠워,

하얀 이빨
드러내며
깨금발로 서 있다.

바람처럼
보일락 말락
벼랑에 기대어,

하얀 소복
홀로서
마중 나와 서 있다.

서울

좋은 것은 모두
서울
서울로 몰려든다.

고급차
높은 집
넘쳐나는 홍수,

나무나
꽃이며 새도
서울에 있어야 제격이다.

맑게 흐르는 한강
곧고 넓은 도로
쫙 펴진 광장,

불야성
밤 건너는
화려한 불빛.

사람도
서울 닮아
서울에 살아야만 제값을 한다.

섬. 25

남아있는 시간동안

나에게 남아있는 시간동안
일분도 쪼개고 쪼개어
알뜰히 아끼며 열심히 살리라.

비록 얼마 남지 않은 시간이지만
아직도 뭣이든 할 수 있다는
자긍심 하나로 알차게 살리라.

하루해 저녁노을 지면서
땅거미 진하게 밀려와도
절대 힘없이 주저앉지 않으며,

내게 주어진 많지 않은 시간동안
꿀 따는 꽃밭의 근면한 꿀벌처럼
아름답고 향기롭게 감사히 살리라.

평화로운 아침

창밖의 어둠 서서히 걷히며
해맑은 빛 무리
밀물처럼 밀려옵니다.

나는 아무 걱정 없이
잠에서 깨어납니다.
아주 조용하고 편안하게.

늘 바쁜 일상에 쫓기다가
한가한 하루가 시작되는
이 아침에 감사합니다.

잡다한 세사世事 지겨워도
무슨 득도得道라도 한양
순간의 희열이 넘칩니다.

어둠을 불사르는
잔잔한 빛의 계단
참 평화로운 아침이 있습니다.

까치밥 하나

안개 자욱한
늦가을 저녁,

감나무 가지 끝에
대롱대롱 매달린,

빨간
까치밥 하나.

흔들리는 불빛
꺼지지 않으려고,

여린 삶의 끈 붙들고서
안간힘 쓰고 있는,

저 을씨년스런
내 몰골.

저자의 시비

소재지 : 충남 보령시 '개화예술공원'

제2부

지평선 들길

* 지평선: 김제 금만평야의 별칭.
징게[金堤], 맹경[萬頃]: 고을 이름의 사투리.

지평선 서시序詩

– 지평선 시(1)

지地금도 보이네. 저 너머로

평平평한 황금물결 너울너울

선線하게 일렁이며 파도쳐 오네.

지평선

– 지평선 시(2)

아침안개 뚫고
햇볕이 드러나면
들머리 서서히 일어난다.

어둠의 침묵 깨며
들판 위에 물길이 트이고
갈마가 불어오면,

부스스 눈 부비며
커다란 지평이 비로소 열린다.

밝아오는 금만金萬평야
아스라한 눈 끝 가득
나락 포기 살쪄 가면,

춤추고 환호하며
기쁨에 농익는
농심農心의 군상群像.

까마득한 들판 너머
씨알의 주름살 구김 펴듯
가없는 하늘폭포 내려와 쌓인다.

＊ 씨알 : 농사꾼 또는 백성을 이름.

지평선 여울
–지평선 시(3)

물줄기
철철 넘칠수록
풍년이 다가온다.

바람 따라
휩쓸리는
가없는 들판을,

구비 돌며
징 치는
장엄한 물의 흐름.

앞서거니
뒤서거니
너울 치는 물결 따라,

출렁이며
넘실대며
세월 되어 흘러간다.

지평선 들길

– 지평선 시(4)

질척거리는
들판에
출렁대는 벼들의 행렬.

바람 스치며
너풀대는
황금빛깔 머릿결,

99.9%
순금보다
더 진한 색깔 무리.

푸른 하늘
누런 들이 맞닿은
끝없는 지평,

가 없는 들길
하늘 끝자락
맘껏 풀어 드넓게 편다.

지평선 풀빛
– 지평선 시(5)

한 겨울 고비 넘긴
푸르른 풀빛
들길을 엷게 물들인다.

하얗게 덮인 눈
살포시 제키고
고개를 빼꼼히 내어민다.

끝없는 지평선
가로 치는 바람
알몸에 견뎌내며,

들머리 지아비
지어미 맘처럼
오돌 오돌 떨고 있다.

밟히고 밟혀도
일으키며
밟힌 만큼 무성한 풀빛 ……

헐벗은 이 땅의
갯땅쇠
푸르디푸르게 무한량 번져간다.

* 개땅쇠 : 억센 전라도 농사꾼기질의 사투리.

지평선 코스모스
– 지평선 시(6)

벼들이 누렇게 익어 가면
큰 들 자욱이
사락사락 바람이 불어온다.

길가에 나란히 도열해
연약한 줄기에 기대어
흔들리며 춤추는 살살이,

분홍빛 하얀색 자주빛깔
황금물결 들판 어우러져
맑은 가을 더더욱 풍성하여라.

들머리 까마득 뒤덮인
청명한 땅 하늘
출렁이는 지평선 ……

머리에 도투락 달고
너울너울 춤추는
금만평야 들녘 환하게 보인다.

지평선 연싸움
– 지평선 시(7)

눈 내린 다음날
따사로운 햇볕
바람 부는 오후엔,

대나무 잘게 깎아
연鳶 만들어
동네 고샅에서 띄웠다.

오르다가 도리 뱅뱅
곤두박질치면
꼬리에 지푸락 묶어 달고,

풀 먹인 사기가루 실에 입혀
높이 오른 연끼리
타래 풀며 한바탕 내기를 했다.

끝없이 펼쳐진
새하얀 지평 위로
꼬리 치며 떠오르는 연의 무리,

눈 감으면 오늘도
친구들 얽혀있듯
연끼리 서로 얽혀 싸움질 한창이다.

지평선 바람개비

– 지평선 시(8)

종이 한 장 오려 접어
막대 끝에
못 박아 꽂으면,

넓게 불어오는 들바람
바람개비 하나
프로펠러처럼 잘도 돌았다.

들머리서 돌리다가
심심하면
고샅길 누비다가,

장대 끝에
매달아
싸리문 기둥에 묶어 세웠다.

떠돌이 한세상
지평선 바람개비
쉼 없이 오늘도 휙휙 돌아간다.

지평선 팽이치기

–지평선 시(9)

하얀 눈 내리고
얼음 꽁꽁 얼은 날
팽이채 들고 들머리 나갔다.

물도랑 얼음판엔
애들 왁자지껄
팽이 싸움 한창 신이 났다.

채에 맞을수록
둥근 원 그리며
빙글빙글 크게 돌듯,

돌아가는 팽이처럼
비실비실
어지러이 살은 세상 ……

한바탕 쌈 끝나고
언 손 들불에 녹이면
한겨울 추위도 바람처럼 스쳐갔다.

지평선 메뚜기

– 지평선 시⑽

푸른 메뚜기는
맹경萬頃 메뚜기
밤색 메뚜기는 징게金堤 메뚜기.

맹경에서 징게로
징게에서 맹경으로,
지평선 메뚜기는 잘도 날뛴다.

살찐 징게 메뚜기
풀 대궁에 목 꿰어
들불에 구워먹으면,

입가에 묻은
까만 재
놀려대며 깔깔대던 친구들.

징게에서 맹경으로
맹경에서 징게로
지평선 메뚜기는 힘도 억세다.

지평의 승천昇天

– 지평선 시(11)

지평선은

까마득히 멈춰 서 있다.

속으론 골똘히
치열한 탈바꿈
진통을 참아가며,

꿈틀꿈틀 웅얼대며
~ ~ ~ ~ ~ ~ ~ ~ ~ ~ ~
씨알의 터전을 일궈낸다.

넓은 들머리
치부는 회오리
허리 휘는 농심農心,

금만경 아픈 상처 싸안으며
지평을 열어
푸른 들 하늘로 치켜 올린다.

망해사望海寺
– 지평선 시⑿

바다와 마주하여
절벽 위에 홀로
지그시 눈 뜨는 불타佛陀.

밀물 썰물로
뒤바뀌는 사바
불심으로 경계하며,

업보業報에 얼룩진
인과의 끄나풀
절 마당 별빛에 태워 사른다.

어스름 밝히는
꽃노을
바다 하늘 수繡 놓는데,

보살의 일념
고해를 건너며
정토淨土의 경지 위에 우뚝 서 있다.

금산사 서시
- 지평선 시(13)

금金싸라기가 쌓이고 쌓여

산山을 에두른 정토淨土 위에

사찰寺刹의 미륵후광彌勒後光 사바를 밝힌다.

금산사 새벽

– 지평선 시⒁

나무는 나무끼리
새들은 새들끼리
참선에서 일찍 깨어난다.

목마름 풀어주는
이슬방울
경내를 촉촉이 적시는데,

중생의 시름
뽀얀 안개 걷히듯
견성見性을 둥글게 드러낸다.

사바의 번뇌
고해를 뛰어넘어
삼매에 들며,

적정寂靜에 오른
정갈한 몸과 맘
무아의 경지에 한껏 빠진다.

금산사 아침
– 지평선 시(15)

미륵의 장엄한 손끝에
일렁이는 빛깔
시방세계를 두루 밝힌다.

도량 가득 퍼지는
잔잔한 미소
산천정기 감응하며,

입불立佛 뒤에 어리는
둥그런 후광後光
백팔번뇌 불사른다.

엄뫼母岳 넘어오는
아침햇살
보살의 머리위에 서리는데,

업보를 씻어내는
염불소리
하늘 땅 자욱이 골고루 퍼진다.

금산사 한낮
– 지평선 시⒃

산자락 감아 내리는
밝은 햇볕
불어오는 바람을 잠재운다.

탑신塔身 아래 고이는
신성한 약수
중생의 갈증 적시는데,

가람 구비 도는
청정한 물길
소리쳐 골골에 여울진다.

아늑히 둘러앉은
소욕少慾의 도량
하늘 땅 사람이 하나 되는데,

찰나의 적막 가누며
억겁의 대도大道
미륵회상 처마 위에 날개를 편다.

금산사 저녁

– 지평선 시⒄

고요를 깨는
풍경소리
도반道伴의 하루를 재촉한다.

보살 마음에 가득 찬
탐진치貪瞋痴
허공에 말끔히 털어내며,

해거름에
띄우는 화두
분향 연기 사방에 퍼진다.

고행의 정념正念 떠받쳐
업보를 여닫는
크나큰 산문,

도량을 휘도는
안온한 기운
차고 무거운 것들을 갈아 앉힌다.

금산사 밤

– 지평선 시(18)

밤의 깊이만큼
풀벌레 소리 홀로
애잔히 울어대며 지샌다.

적멸보궁
오층 사리탑
성불成佛 크게 외치듯,

캄캄한 어둠 속
불빛 하나 가물가물
사위를 흔들어 깨운다.

번뇌를 쫓는 목탁소리
별빛 되어
메아리로 돌아오는데,

한밤을 지키는
꺼지지 않는 불씨
정혜正慧의 심지를 밝힌다.

금산사 백일홍

– 지평선 시⒆

활활 타오르는
모닥불이다.

투닥, 투닥,
치솟는 소리,

그을음
연기도 나지 않는다.

고요로 넘치는
도량 뜰 칠월 오후,

뜨거운 사랑의
요염한 불길이다.

금산사 풍경소리
－지평선 시(20)

저 소리에선
해맑은
독경소리가 묻어난다.

산문 넘나드는
해거름
저녁 어스름,

일렁이며
넘실대는
바람의 여운餘韻.

피어오르는
한 자락
가냘픈 분향연기!

저 소리에선
청정한 향 내움
소올 솔 풍겨온다.

금산사 봄
– 지평선 시(21)

산 고스락에서
등성일 타고
멈칫멈칫 내려오는 봄기운.

나른한 잠에 빠진
산천을
하나씩 흔들어 깨운다.

차고 시린 중생의 아픔
다소곳 끌어안아
윤회의 꽃잎 틔우는데,

덩 덩 덩
법고法鼓소리
짙은 안개 걷으며,

대적광전
뜰 가득
환희의 빛 더밀 끌어 모은다.

금산사 여름
-지평선 시(22)

오랜 인고忍苦로
드러나는
대자대비.

삼복 늘어진
보리수 이파리에
생기를 촉촉이 베푼다.

감은 눈
반쯤 뜬
반가半跏의 사유思惟.

은은한 미소
고즈넉이
감로수 치솟는데,

한가한 매미 울음
도량의 고요
사정없이 흔들어 무명無明을 깨운다.

금산사 가을
– 지평선 시㉓

오색 단풍
불심의 정화精華
안팎에 수북이 내려쌓인다.

무덥던 긴 여름
견디며 이겨낸
목쉰 염불소리,

입추 지나며
큰 사리 몇 과果
석류 안에 빼곡히 채운다.

땀에 찌든 가사袈裟
물에 빨듯
삼독 말끔히 헹궈내며,

낮추는 만큼
충만해지는 승화!
떠돌이 보살 심신을 다독인다.

금산사 겨울

– 지평선 시(23)

시계視界의 안팎 가득
선禪의 극치
하얀 눈 펄펄 내려쌓인다.

지저분한 바깥세상
골골마다 뒤덮어
하나로 모으는데,

장삼에 바랑 메고
탁발 수행하는
비구의 그림자가 어린다.

구도求道의 두루마리
감아 모두는
운수雲水의 외론 길 ……

오욕五慾을 단멸斷滅하는
사문沙門의 고행
한추위 초연히 고갤 넘는다.

저자의 시비

소재지 : 충남 보령시 '시와의 산책길'

제3부

수평선 물길

월미도 바람
–수평선 시(1)

녹색지점
황색지접
적색지점.

1950. 9. 15.
상륙하는
그날 새벽 해병처럼,

휘저으며 불어오는
세찬
바닷바람.

펄럭이는
깃발
함포가 작렬한다.

밀려들고
쓸려가는 파도 위로
상륙하는 전단戰團,

그날을 기억하고
그땔 회상하라며
옷깃 잡아 자꾸만 풀어 제친다.

섬. 25

선유도

– 수평선 시(2)

신선의 소매 자락
늘어져
너울너울 춤을 춘다.

섬 바다 어우러져
가락 뽑으며
군무群舞로 돌고 돈다.

버선발 살짝
뒤꿈치 살금살금
선유봉 금빛 파도 ……

밀려오고
쓸려가는 물안개
모래밭 수놓는데,

섬이 바다로
바다 섬이 어우러져
덩실덩실 춤추며 빙빙 돌고 있다.

홍도 저녁놀

–수평선 시(3)

휘황한 저녁노을
파도 위에 출렁이며
피아노 건반을 요란히 치고 있다.

수평선 넘나드는
진한 빛깔
온 섬 새빨갛게 달군다.

깎아지른 절벽 위에
가지 늘어뜨린 소나무들
천연 분재盆栽를 이루고 있다.

수 만년 할퀴고
떼밀리며 달아빠진
드넓게 널린 몽돌 밭,

거대하게 조각한
독립문바위
승천하는 거북이 ……

바다 하늘
섬 온통
빨간 물감 수채화 그리고 있다.

흑산도
– 수평선 시(4)

희뿌연 바다 위로
짙은 안개만
자욱이 떠돌고 있었다.

높새바람은
어린 강아지처럼
옷깃을 마구 물어 헤친다.

햇볕을 가린
하늘과 바다
온통 오리무중이다.

흑산도 아가씨
노래비 서 있는
공원 구비길,

까마득 먼
유배지流配地서
기쁜 소식 기다리듯,

흑산도는
깨금발 딛고
뭍을 향해 서 있다.

제주도
-수평선 시(5)

한라산
홀로서
탐라도耽羅島를 일궜다.

성숙한
여인의 교태嬌態
우람한 남성이 되기도 한다.

확 트여 막힌 바다
먼 수평 위에
푸른 꿈 띄우며,

이내嵐의 짙푸름
해오름
정기 모아,

백록담
서귀포에
천지연을 열었다.

성산포 우도
–수평선 시(6)

성산포 부두에서
바라다보는 우도
건너가고파 마음 설렌다.

오후의 햇볕
짙푸른 바다 위에
물결치는 하얀 모래톱.

섬 산등 위에
홀로 앉아
명상에 골똘한 하얀 등대.

섬마을 파란 지붕
빨간 지붕
울긋불긋 정겨워,

바라만 봐도
포근하고 흐뭇한
출렁이는 우도여!

섭지코지 등대길
–수평선 시(7)

쪽빛 짙게 적시는
커다란 한 폭
수려한 수채화다.

출렁이는 파도며
햇볕과 바람도
뭍 오름의 풍물.

천상天上에서 울려오는
웅혼雄渾한 교향악
절제된 앙상블이다.

지금껏
내 걸어온 길
더 살아갈 길처럼,

섭지코지 등대 길은
내리막이 있고
오르막 있고 비탈도 있다.

* 섭지코지: 성산포 부근 협지곶(峽地串)의 제주 地名.

청산도

– 수평선 시(8)

산 바다 푸르러
청산靑山도라 불렀더라.

하늘마저
쪽빛 칠칠히 넘쳐,

스치는 바람도
푸른 빛깔뿐이구나.

섬 하늘 바다가
한 빛깔 한 무동,

화합하는 인정
섬 가득 뭉쳐나,

맘마다 푸르른
용출수溶出水 치솟는다.

소록도
–수평선 시(9)

옹달샘처럼
해맑은 영혼의
작은 사슴 한 마리.

눈 치켜들고
바달 응시하며
긴 한숨 몰아쉰다.

머리에 돋은
다른 짐승엔 없는
크고 기다란 뿔 가지,

작은 몸통에
얼룩덜룩 드러난
동그란 반점斑點들.

병 든 것도 설ㅎ거든
하물며
성근性根까지 제거당한,

악랄한 승냥이에 흘린 피
목 놓아 우짖어도
한 많은 메아리만 돌아온다.

거금도
-수평선 시⑽

세계의 박치기 왕
운암雲岩 김일金日의
생가와 기념관만으로도,

판소리 큰 스승
국창 제5호 동초東超 김연수金演洙의
쌈터와 유택만으로도,

여덟 시간도 더 걸려야
겨우 불러댈 수 있는 춘향가를
맨 처음 완창한,

무형문화재 제5호 오정숙吳貞淑이
그의 스승 발치 아래 묻혀
죽어서도 받드는 큰 뜻만으로도,

소록도를 거쳐
이어지는 뭍과 섬
사람을 아우르는 다리건너,

남도의 금산錦山
땅 끝의 금자탑
산 구비 바다 빛 찬연하여라.

거문도

–수평선 시⑾

세 개의 섬이
바다 한 가운데에
한 형제로 모여 있다.

큰 섬
중간 섬
더 작은 섬.

서로 손 잡으려
안간힘 써도
닿을 듯 영영 닿지 않는다.

파도가 스치며
손 밀어 올려줘도
잡히는 건 하얀 물보라 뿐,

쉼 없이 불어오고
밀려가는 마파람
엎드렸다 일어서는 큰 너울.

까마득 아스라한 수평
그 한 가운데
저 홀로 거문도 머리 들고 서 있다.

백도 아침

–수평선 시⑿

거문도 항에서도
거친 파도를 헤치고
남쪽으로 시간여 뱃길.

망망한 바다 한 가운데
둥둥 떠 있는
수많은 조각공원.

붉은 아침
얼굴 닦고 드러내는
오만가지 형상.

척박한 암벽 위에
늠름히 살아가는
신비의 저 상록수들 ……

넘실대는 파도 위에
부서져 내리는
찬연한 햇볕.

하늘이 열어
생동하는 전시장
오! 숨 쉬는 백도여.

울릉도
– 수평선 시⒀

울릉도에 가서
관광버스에 올라
나리분지盆地엘 가다가,

할랑교橋
말랑교
으짤랑교 다리를 건넜다.

하下8자字
상上8자로 꼬인
가파른 다릴 건넜더니,

하팔자 신세
별안간
귀한 상팔자가 되었다.

할랑교 말랑교
으짤랑교에 이어
이제 됐네교橋만 놓으면,

물 좋은 울릉도
천하제일
명승名勝중에 으뜸 고장 된다하네.

독도가 보인다.

–수평선 시⒁

울릉도 도동항에서
씨-풀라워호로
검푸른 망망대해
시속 40놋트 내외로 헤치며
1시간 30분이 지나서야
희미한 모습
독도가 겨우 보이기 시작했다.

독도는 우리 땅!
대한민국 주권의 자존심
마음을 다지는데,
바위섬끼리 손잡고
거기 우뚝 서서
늠름히 자릴 잡고 있었다.

가슴 벅차게 터지는 감탄사
〈독도가 보인다.〉
그리웠던 땅
〈아! 드디어 보인다.〉
〈독도가 보인다.〉

독도는 외롭지 않다.

–수평선 시⒂

바위섬 꼭대기에
태극기가
힘차게 휘날린다.

갈매기들
떼 지어
날고 앉는다.

거친 바닷바람
홀로 이겨내며
묵묵히 헤쳐 온 세월만큼,

바람소리
파도소리
바다소리 두려움 전혀 없다.

동도와 서도
서도와 동도가 짝하여
독도는 결코 외롭지 않다.

해운대
- 수평선 시(16)

바다의 구름
구름의 바다가
하나 되어 출렁인다.

끝없는 수평선
넘나드는 된새바람
징치고 꽹과리 친다.

파란 하늘이
푸른 바다 위에 내려
그리는 한 폭 그림.

긴 모래밭에
튕겨 쳐 오르는
하얀 물보라!

천년만년
대 이으며
해돋이 달맞이에 손을 흔든다.

하얀 노을
–수평선 시⒄

2011년 6월 3일
전남 고흥군 봉래면
신금에 있는
하얀노을 호텔에서
저녁바다를 내려다본다.

하얀노을 호텔은 있는데
하얀노을은 어디에도 없다.
눈 크게 뜨고 둘러봐도
아무데도 보이질 않는다.

나로도에서
외나로도 연육連陸하는
나로 2대교 옆의
그림처럼 아담한 호텔 ……

외진 섬 다리로 연결
섬 아닌 어엿한 고흥 반도
뵈지 않는 WHITE GLOW 대신
하얀 안개만 뿌옇게 내린다.

제4부

흔들리는 섬

섬. 1

파도에 할퀴며
바다 위에
섬이 홀로 서 있다.

의지할 데 없이
사방에 드러나
이리저리 떼밀리며,

먼 육지가 그리워
다가갈 꿈꾸다가
목쉰 해 울음 운다.

몰아치는
거센 물결
수평선 저 너머로,

손들어 흔들며
기다림에 지쳐
깨금발 딛고 서 있다.

섬. 2

사람들 사이
한 사람
사람들 밖에 홀로 서 있듯,

섬들 사이
섬 하나
삼 밖에 외따로 놓여있다.

섬들 속
섬 하나
섬들 밖에 서성이듯,

사람들 속
한 사람
무리 밖에 헤매듯,

섬 속의 외딴 섬
사람 속 외톨이
기린처럼 목 늘여 정박해있다.

섬. 3

사방이 열려있는
바다 한 가운데
섬 하나가 떠 있다.

사통팔달
바닷길 열렸어도
바다를 벗어나지 못한다.

바다에 갇히고
파도에 열려
멀미하는 수평.

막혔으면서
사방이 확 트인
바다 한 가운데에,

거센 물결 출렁이며
섬들 밖에 둥둥 떠
휘청휘청 흔들리는 섬이 있다.

섬. 4

손에 잡힐 듯
가까이에
섬 하나 나앉아 있다.

시원始原에서
영원을 떠받치는
낭떠러진 몰골,

텅 빈 하늘
드넓은 바다
침묵 속에 잠겨있다.

광활한 우주 한 귀퉁이
한 개의 .으로 쳐 박힌
작은 돌처럼,

사람 속의 섬 하나
섬 속의 한사람
마주해 손 털고 넋두리 한다.

섬. 5

바다의 울분
끓어올라
한 점 작은 섬을 이뤘다.

밀물 썰물에
시달리며
등대불빛 멀리 밝힌다.

잔잔한 물결
거센 파도도
꿈이 되고 노래가 된다.

치부는 바람
부딪치는 물결에
몸서리치면서,

수평선에 드러난
늙은 섬 하나
나처럼 골똘한 명상에 잠겨있다.

섬. 6

항해중인 배의 이물에서
넓은 바다 위에 떠 있는
섬 하나를 바라다본다.

고래 등처럼 솟아나
육지를 향해 내달리다
기우뚱 기우뚱 멀미를 한다.

가로 막는 물결
사나운 바람 앞에
섬의 꿈 산산이 부서진다.

쉼 없이 떼밀리며
흔들리는 섬
멀미 앓는 배 사이에,

나도 하나의 섬이 되어
출렁 출렁
섭쓸리며 삐걱대고 있다.

섬. 7

갈매기처럼
바다에 내려
섬 하나가 떠 있다.

출렁거림
지겨워
자맥질 치다가,

스며드는 비린내
시새우며
갯바윌 의지한다.

까마득 수평선
하늘만 뵈는
드넓은 바다에,

외따로 나앉은
낡은 섬
헐벗은 나처럼 둥둥 떠 있다.

섬. 8

출동하는 군함처럼
섬들이
거대하게 떠가고 있다.

발진發進하는
태평양 함대
대오를 갖추고 항진航進한다.

달아맨 돛대
깃발도 없이
군령軍令만 사방에 울려 퍼진다.

몰아치는 바람
거센 물살
낮밤 없이 가르며,

진수進水하는 선단船團 속
난파難破당한 한척
나처럼 홀로 내팽개쳐 있다.

섬. 9

육지가 되려다가
바다에 떨어져
기울어진 섬 하나가 있다.

천둥소리 울리고
벼락 내려치던
시원始原의 어둔 밤에,

구름 타고 오르며
육지가 되려다가
바람에 날개가 꺾였다.

하늘로 오르다가
바다에 떨어진
작은 .하나,

사람의 숲에서
홀로 밖으로 밀려나온
알몸뚱이 나처럼 외따로 떠 있다.

섬. 10

섬 하나가
바다에 드러나
꿈꾸듯 졸고 있다.

떼 지어
갈매기 찾아와
왁자지껄 노닌다.

거센 파도들
마구 치솟아
두들겨 깨워도,

외고집
저 혼자
바다를 가로막아,

침묵의 억만년
나처럼 속으로
고달픔 서러움 삭히고 있다.

섬. 11

섬에는
들고 나는
대문이 없다.

바닷길
사방으로
확 트였어도,

드는 문
나는 문이
꽉꽉 막혀있다.

여는 문
닫는 문
따로 없어도,

작은 섬
나처럼
통로 없이 갇혀있다.

섬. 12

처음부터
섬은
저 홀로 떨어져 나앉았다.

거센 바람
부서지는 파도
갈매기만 끼륵끼륵 울어댄다.

먼 육지 그리우면
뭉게구름
하늘에 피워 올리고,

아득한
수평선
붉은 놀 아래,

외로움 그리움 흠뻑 젖어
홀로 나앉아
목 놓아 한 없이 울어댄다.

섬. 13

섬들 속에
섬 하나
외따로 떨어져 있다.

밤하늘 별빛
하얀 등대도 없이
덩그마니 따로 서서,

지나는 배
치솟는 파도
수평선 묵묵히 내려다본다.

검푸른 물빛
드넓은 바다
저 한 가운데에,

알몸뚱이 바위섬
키 큰 나처럼
저 혼자 우뚝 외따로 떠 있다.

섬. 14

섬들 사이에
섬 하나
떨어져 놓여있듯,

사람들 사이
사람 하나
틈 사이 비집고 서 있다.

숱한 군중群衆 사이
외톨이로
서성이듯,

섬과 섬 사이
섬 하나
섬들 밖에 놓여있다.

섬과 섬
사람과 사람이
서로 감응感應하듯,

사람 속에 섬 하나
섬 안에 한 사람
철썩 철썩 바다에 부대끼고 있다.

섬. 15

세상의 바다에
섬이 돼 떠 있는
한 사내가 있다.

뒤채이고
떼밀리며
할퀴는 아픔,

피해갈 수 없는
괴로움
맨몸으로 가른다.

거친 바람
치는 물결
홀로 서 막으며,

사람의 바다에
거꾸로 서있듯
따돌린 섬 하나 나처럼 서 있다.

섬. 16

물 안에 갇혀
드러내지 못하는
갑갑한 깊이만큼,

솟구치는 물너울
팔뚝 치켜
홧병火病을 들춰낸다.

사방에 드러나는
파도소리
절절한 절규처럼,

까마득한 수평선
검푸른 너머로
일렁이는 높새바람.

물속에 갇힌 울화鬱火
파도 치켜들어
섬끼리 휩쓸리며 드높이 팽배澎湃한다.

섬. 17

넓은 바다 한 가운데
보일 듯 말듯 떠 있는
섬 하나가 보인다.

거친 세상 밖으로 튕겨진
사내 하나
헐벗은 그림자 어른거린다.

망망한 바다 위에
홀로 선
섬 하나와,

세상 밖으로 던져진
알몸뚱이
섬 위에 너울져 겹쳐진다.

섬 밖으로 튕겨 나온 섬처럼
세상 밖으로 내팽겨진
희미한 그림자 하나,

섬과 사람 마주치며
따돌림 외톨이
피울음 속울음 진하게 토한다.

섬. 18

기다림에 지친
외딴 섬 하나
먼 수평 우러러 서 있다.

이마 질끈
싸매고
혼자서 소리치며,

오는 이
가는 세월
바람으로 다스린다.

밀물
썰물에
멀미 앓으며,

기다리고
기다리는 기다림의
화신化身.

외로움에 지친 섬 하나
나처럼 혼자서
고개 숙여 서 있다.

섬. 19

섬과
섬 사이
바다 물로 이어지듯,

사람과
사람 사이
정情으로 끈끈하다.

노 저어 오가며
이 저쪽 건너는
나루.

섬과 사람
사람과 섬
따로 타고 내리며,

사람 속의 섬
섬 속의 사람이
난파難破당해 떠돌며 표류한다.

섬. 20

바다 위에 섬이 있고
섬 안에
바다가 떠 있다.

바닷물에
세상 출렁이고
흔들림에 섬이 멀미한다.

세상의 바다에
섬이 살고
섬 안에 바다가 살고 있다.

바다와 섬
섬과 내가
하나로 이어져,

세상의 바다에
내가 살고
내 안에 작은 섬 저 홀로 살고 있다.

섬. 21

하늘은
바다 위에
내려앉으려 하고,

바다는 거꾸로
하늘 아래
닿으려 한다.

서로 떨어진
거리만큼
보라 쳐 헐떡이는 파도.

물결에 할퀴는
작은 섬의 아픔
바람이 몰라주듯,

뒤집히는 물결 설움
낡은 섬이
외면하듯,

섬은 파도의
파도는 섬의 손
안간힘 잡으려도 닿지 않는다.

섬. 22

드넓은
바다 한 가운데
섬 하나 외따로 떠 있듯,

세상의 바다에
둥둥 떠
기우뚱거리는 사내가 있다.

수많은 무리
밀물처럼 넘실대는
사람의 바다.

높이 선 등대
퍼지는 불빛
헐벗은 섬처럼,

무성한 빌딩숲
도시 한 복판
깊이 갇힌 섬 안에 나 홀로 서 있다.

섬. 23

차들이 홍수인
도시 광장에도
외떨어진 섬 하나가 있다.

아파트 숲 이룬
커다란 단지 안에도
떨어져 나앉은 외톨이가 있다.

아파트와
빌딩 사이
둥둥 떠 있는 난기류亂氣流,

빌딩숲
열섬 안에
나 홀로 갇혀있듯,

와글대는 바깥세상
도회 한복판
구멍 뚫린 섬 하나 나처럼 떠 있다.

섬. 24

섬들 속에
사람 닮은 섬 하나
홀로 떨어져 나앉아있다.

사람들 속에
섬 닮은 사람
외따로 골똘히 서 있다.

드넓은 바다
한 가운데에
흔들리며 둥둥 떠 있는 섬,

수많은 군상群像들
틈 바퀴 사이에
따돌려 서 있는 외톨이.

섬 속에 갇힌
사람 속의 섬 하나
나처럼 떠돌며 기우뚱거린다.

섬. 25

드넓은 바다에
옹기종기 떠 있는 섬들은
이미 섬이 아니다.

세상의 예저기
얽혀 사는 이들도
더불어 외톨이가 아니다.

섬 속의 외톨이
외톨이 섬은
서로 끼리의 어울림이다.

섬들 속의
외톨이
사람 속의 외딴 섬,

아. 끝끝내 닿을 수 없는
절대 분립分立의
차디찬 손이다.

제5부

하늘 마실길

동우령童牛嶺
– 대련大連의 공원

황소 한 마리
걸어가는 등 위에
피리 든 아이가 올라탄 형상形象,

발아래 잡히는
드넓은 바다
내려다뵈는 잔잔한 지평,

짙푸른 풀밭 위
뚜벅뚜벅 걷고 있는
황소 그림자 뒤로,

바다 위의 노을
빛나는 별빛
맞닿는데,

늴리리, 늴리리
불어대는 풀피리
태고의 신비 촉촉이 적신다.

압록강에서

중국 국경도시 단둥丹東의
압록강 하구에서
그 나라 유람선을 탔다.

배를 타고 신의주
50여 미터까지 다가가서도
끝내 내나라 땅엔 오르지 못했다.

우리 땅임에도
남의 나라 배 위에서
바라볼 수밖에 없는 안타까움,

'21세기의 지도자 ……'
'위대한 수령이신 ……'
날조된 허위의 현수막들.

배에서 바라보는 단둥은
활력이 넘치는데
신의주엔 회색그림자만 어른거린다.

지상의 낙원이라 포장한
착취자의 요란한 허울들만
구호로 장대 위에 나부끼고 있었다.

뤼순의 안安 의사義士

중국 다이렌 남서쪽
백리길 뤼순旅順감옥에서
안중근 의사를 만나 뵈었다.

감옥의 당직실 바로 옆 칸
칙칙한 철창 안에서도
배달의 울분은 멈추지 않았다.

시커멓게 그슬린 목침대 하나
초라한 탁자 위의 지필묵紙筆墨
겨레의 자존심 버텨주고 있다.

매서운 남만주 한 겨울 추위
살 속까지 에이는 칼바람
한 세기를 견디고 이겨내며,

'志士仁人 殺身成仁지사인인 살신성인
경술庚戌 삼월三月 대한국인大韓國人'
혈서로 남은 손도장 하나.

하얼빈의 왜놈 이등伊藤에게
배달겨레 매운맛 본때를 보여준
안 의사는 두 눈 똑바로 뜨고 계셨다.

안 의사의 호통

뤼순 감옥 뒤편의
교형장絞刑場엔
호통 치는 안 의사가 보인다.

형틀에 앉아서도 꼿꼿이
왜놈들을 응시하며
대지르는 일갈의 말씀,

'내 목숨 빼앗길 순 있어도
넋까지 말살시키진 못한다.
왜놈들은 기필코 망한다!'

낯선 이국땅에서도
당당한 배달 기개
털끝도 주눅 들지 않으며,

이등伊藤의 15개 죄목
낱낱이 열거하며 주장하는
당차고 날카로운 저 모습.

'비록 내 목숨 빼앗길 순 있어도
내 넋까진 결코 뺏길 수 없다.
왜놈들은 기필코 망한다!'

잠들지 못하는 영혼

뢰순 감옥 뒷산의
흙무더기 잡목 사이엔
죽어서도 잠들지 못하는 영혼이 있다.

교수대서 목 졸려 숨지고
나무통에 앉은 자세로 틀어박혀
옴짝달싹 못한 채 땅에 묻혀,

죽어서도 부자유한
영어의 체백,
통 속 못 면하는 안 의사가 있다.

우국의 충정
뢰순의 하늬바람
앞바다 파고 높여도,

사자후 맘껏
외쳐댈 수 없는 이방異邦
편치 못한 안 의사 영혼 떠돌고 있다.

단재丹齋의 약력

중국 뢰순 감옥
복도에 걸려있는
단재 신채호申采浩 선생 약력엔,

'충청도가 고향' 이라
한글로 분명히 적어놓고는
영문엔 'north korean' 으로 표기해 놨다.

선생의 약력에까지
이념의 허상이 빚어낸
어처구니없는 충격이 가해왔다.

잃어버린 우리모습 찾아놓은
조선상고사朝鮮上古史는
어디론가 조각나 흩어져버리고,

벽면에 서린 선생의 흑백사진
변색된 약력의 그림자만
차고 어두운 감방 안을 휘돌고 있다.

REPULSE BAY ROAD

아편전쟁으로 얼룩진
구룡반도 끝자락
REPULSE BAY ROAD를 걷는다.

확 트인 푸른 바다
새하얀 모래톱
눈부신 햇볕 안고,

가파른 산기슭
해안선 따라
빌딩숲 나무들 빼곡하다.

오르다가 내리고
구비 돌며 꿈틀대는
SAUTH BAY ROAD,

파도에 겹쳐오는
아편전쟁 그림자
그날의 화약 연기 지금껏 자욱하다.

OCEAN PARK TOWER

구룡반도 남단
국제도시 홍콩엔
색다른 볼거리가 있다더니,

남국의 정취
물씬 풍기며
출렁거리는 OCEAN PARK.

케이블카들이
섬과 섬 사일
새처럼 가로 지르며,

사람과 바다
푸른 빛깔
다 한 테 어우러진다.

나무는 나무끼리
파도는 파도끼리
말없이 소곤대는데,

햇살 따사로운
반도의 끝자락
OCEAN PARK 푸름에 농익는다.

이소룡 동상

아홉 마리 용이 꿈틀거리는
구룡九龍반도 끄트머리
푸른 바다 위론 노을이 흘러왔다.

HONGKONG에서도 빼어난 풍치
이름 높은 '낭만의 거리' 에
이소룡李少龍은 아직도 살아서 움직인다.

쭉 뻗은 두 팔에 활짝 편 손끝
툭 불거진 근육
막 들어차려는 한쪽 다리,

매서운 눈초리
불꽃 튕겨 나와
악랄한 상대를 말끔히 제압하며,

별빛 흐르는 홍콩 항
'영화STAR의 거리' 엔
사자후獅子喉 내치는 이소룡이 서 있다.

GOLD TOILET天下 第一厠

국제도시 HONGKONG의
민락가民樂街 28-18엔
박람환구博覽環球: (M-ODEO)전시장이 있다.

전시장 별관의
화려한 귀금속보다도
순금 치장의 화장실 훨씬 이름나 있다.

가장 값지고 진귀한
보석을 파는 홍보물로
가장 천한 곳을 선택한 기지機智,

이름 붙여
천하天下 제일第一 측厠
GOLD TOILET.

기발한 아이디어
반짝이는 색깔
황금빛 순금으로 치장해,

찾아드는 손님 사진 찍으며
측간厠間 관리하는 사진사
홍콩의 상술商術 번뜩이고 있었다.

SINGAPORE항

무역선 한척이
2분마다 입항하고
또 한척씩 출항하는 항구답다.

부두에 쌓인
콘테이너
성냥갑처럼 거뜬히 싣고 내린다.

동서를 잇는
마도로스 뱃길
중계무역 거점의 하나로,

내세울 자원 없는 작은 섬이
훌륭한 지도자를 만나
거대한 무역국가로 일어섰다.

사람이 사람을
사람답게 다스리는
바른 정치의 소산,

머라이언MERLION
싱가폴SINGAPORE은
바다 위에 큰 별로 곱 뜨고 있다.

SENTOSA .IS.

섬이 아니라
바다의
천연공원이다.

꽃과 나무
바람이 어울려
깃발처럼 펄럭인다.

쨍쨍한
적도赤道 햇볕
까만 눈 충혈한다.

섬
바다
사람이,

시가 되고
그림이 되어
음악으로 흐르며,

섬 바다
하늘 사람 4박자
절묘한 앙상블 앙상블이다.

CLARKE RIVER

머라이언MERLION은
밤을 지새며
입으로 물을 뿜어대고 서 있다.

무늬를 빗질하며
반짝이는
바다 위의 찬연한 별빛.

비린내 찝찔한
부둣가엔
유럽풍 어지러운 풍경들.

밀려오고
몰려가는 사람 홍수
타고 내리는 유람선,

CLARKE RIVER는
CLARKE STREET와 단짝 되어
밤중에도 외로움 전혀 모른다.

BATAM .IS.

5개의 큰 섬과
13,677개의 작은 섬으로
이뤄진 나라.

섬INDO이
많다NESIA는 뜻으로
짜 맞춰진 이름,

350종족에
500여개의 사투리가
뒤섞여 돌아가는 말미.

BATAM섬은
그 가운데
작은 한 점,

바다에 둘러싸여
바람과 이웃하고
물결에 쓸려 살아가는,

원시의 숲
높다란 야자나무 비스듬히
현대의 틈사일 비집고 서 있다.

BATAM .IS. 원주민

그을린 듯
구릿빛 얼굴
웃음에 드러나는 누런 이빨.

야자수처럼
헐벗은 상체
빛바랜 고대의 벽화 폭 같다.

자연 속에
천연의 일부로
자연스레 두지 않는 문명,

불어오는 바람
넘치는 파도
맨몸으로 막기엔,

원시의 깊이만큼
수렁 속에 빠진 생활
그 누런 이빨 지워지지 않는다.

PALAU군도群島

파란 하늘 빛깔
남태평양에
눈부시게 투영投映하고 있다.

바람이며 햇볕도
푸르고 파랗다 못해
온통 부서져 내린다.

바다 위로
솟아난
버섯모양의 섬들 사이로,

자맥질 치면서
휘파람 부는
물결들 치솟아 오른다.

지금껏
내가 항해해온 뱃길
더 가야할 항로처럼,

출렁이는 파도
잔잔한 물결
뒤섞여 출렁이며 헹가래친다.

〈英譯詩〉

That Flowing River

Along That Flowing River
A little paper boat
Drifts down undulating.

Lowering its dim shadows
Over the tumbling waves
Despite its intentions.

If drifts down aimlessly
Without knowing
Any destination
Or port of call.

Only the true features of my vulnerable self
Ride in the drifting paper boat.

Wavering
Struggling
My life does not get seasick.

Without knowing my destination
I drift down aimlessly
Wavering and tumbling ceaselessly.

Washing Machine

There are times when
I wish I were a washing cylinder
Of the washing machine
That churns the washing.

The washing cylinder turns,
Removing the odor df grime
And all sorts of dirt.

It churns the water and cleans and cleanses
The grime that does not easily go.

I become the whirling water that half fills
The washing cylinder of the washing machine.

I occasionally want to become
The slop water becomes cleansed
In every nook and corner.

〈評說〉

崔宗奎의 시적특질

지평. 엄뫼 그리고 만경강

채수영(문학비평가. 시인)

1. 프롤로그-출발의 목소리

시는 개성이고 삶의 축도縮圖라는 점에서 한 편의 시는 곧 시인 자신으로 돌아가는 표정을 연출하게 된다. 그러나 시인은 항상 열려진 상태로 시에 대한 구애를 보내지만 언제나 성공하는 것은 아니다. 시를 만나는 일은 의식의 초점에 신명이 더하여질 때, 신기루처럼 나타나는 시에 시인은 자기의 모든 것을 투척하여 그물을 던진다. 그렇더라도 시의 월척은 늘 흐뭇할 수만은 없다. 그렇게 끈임 없이 길을 갈 수 있을 때, 시인의 고달픈 여정은 때로 빛나는 이름과 대면할 수 있을 것, -욕심 없는 마음 그리고 그렇게 투명한 의식의 상태를 가질 때, 시의 모습은 간혹 미소와 만 날수 있기 때문이다. 오랜 경륜의 시인에게서는 그만의 향기가 난다. 외골수로 의식의 고향을 창조하기도 하고 또 의미의 팽창에 그만의 노하우를 갖고 세월의 강을 건너왔기 때문이다.

1964년 《현대문학》으로 등단한 최 종규 시인 또한 시 제작의 독특한 정신세계를 구축하고 있다. 고향에 대한 애

착인 징게 명경 들을 시화詩化한 〈지평선〉이나 연작시 〈엄뫼〉의 전설을 발굴하는 일면 〈섬〉에 대한 시가 그의 정신 문법을 나타내는 정서의 주요 무리군群이다. 1968년에 발간한 첫 시집 《初雪》에서 제 9시집까지 약 600여 편(장시 1편 포함)의 시를 창작하고 있다. 이제 대략적인 그의 정신공간을 주마간산으로 답파踏破하려한다.

門 열어라, 가시내야. 門 열고 나와,
하늘의 어진 사랑이 내리는,
저 아무 것에도 견줄 수없는 훈훈한 은혜를,
네 치마폭에 받아라.

–〈초설〉. (제1시집)에서

첫 시집의 제목으로 쓴 〈초설〉은 최시인의 정신 거점據點을 암시하는 것 같은 순수와 투명 그리고 세상을 향한 선언적인 의도를 간파할 수 있을 것 같다. 시의 중심 모티브는 '가시내' 라면 이는 시인 자신을 말하는 의도가 숨겨져 있을 뿐 만 아니라 '문을 열어라' 는 명령을 내리는 이면의 목소리 또한 시인으로 다가든다. 때 묻지 않고 아름다운 가시내 = 처녀라는 의미에는 함축적인 이미지가 신선하면서 시인의 정서적인 복합체로 작동된다. 동정녀(Virgin)는 때 묻지 않는, 깨끗한, 순결한, 얌전한, 밟힌일 없는, 섞이지 않는 등등의 상징성으로 볼 때 하늘(눈)과 가시내(시인)는 등가等價를 이루면서 순수와 깨끗함의 정점을 이룬다. 이런 처녀가 하늘에서 내리는 사랑의 은혜를 '치마폭에 받아라.' 의 지시적인 암시는 수태受胎의 상징을 내포하고 있다.

'훈훈한', '견줄 수 없는', '은혜' 가 하늘에서 내려올 때 이를 받아서 자기화 하라는 명령이 시의 중심을 관류하면서 치마폭은 곧 시인의 내면정서를 받치는 시어로써 최종규 시인의 시적출발의 상징에 접근된다. 하늘에서 내리는 눈(시)을 어떻게 받아서 수태受胎라는 구체적인 얼굴로 환치換置할 수 있을 것인가의 진로는 이후 오늘까지 600여 수의 시의 표정이 설명으로 대신하는 암시가 된다. 눈은 곧 하늘에서 내리는 사랑이고 사랑은 다시 시라는 순환적인 이미지로 충족될 때, 눈과 시인의 연결고리에는 오로지사랑이라는 감동만이 드러나기 때문이다. 모든 시인은 의식적이든 무의식적이든 자기 시詩의 고향에 대한 정신원형을 간직하고 시를 쓴다. 다시 말해서 시의 중심 사상을 이루는 요소가 무엇인가의 답안을 찾아 헤맨다는 뜻이다. 이는 평생의 작업이 될 테마가 될 수도 있고 또 간헐적으로 등장하는 방법도 있을 수 있지만 궁극적으로는 시인이 천착穿鑿하는 정서에 줄기가 있기 마련이다.

그런 조짐이 최시인에게는 ① 지평이나 ② 엄뫼 ③ 섬으로 나타난다. 지평선은 김제평야의 너른 들을 시화詩化했고, 엄뫼는 의식의 중추가 되는 모악산, 그리고 섬은 시인의 정신에 담겨진 외로움 혹은 고독의 진원震源으로서의 역할 – 즉 만경강의 변형을 상징하고 있다.

2. 지평선을 가슴에 담고

바다에서 성장한 사람과 산을 밟고 살아온 사람 혹은 들판을 바라보면서 일생을 살아온 사람의 정서에는 크게 편

차가 있다. 바다의 체험으로 성장한 사람의 경우는 시의 표현에 바다 정서에 시적 표정을 담을 것이고, 산에서 성장한 사람은 자연스레 산에 의지와 신념을 투영하고, 들을 바라보고 성장한 경우에는 활달豁達한 정신이 지배적인 현상으로 나타날 것이다. 물론 이를 계량적으로 말할 수는 없지만 셋의 요소가 복합적으로 출몰할 가능성은 허다할 것이다. 최종규 시인의 시 또한 이런 요소가 종합적으로 조감된다.

바람이
스치다가 지쳐
풀잎에 쉬어가는 들판.

물도
흐르다가 졸려
고요히 잠드는 들길.

햇볕 진종일
쨍쨍 내리 쬐어도
다 채우지 못하는 아득함.

어쩌다 나앉은
마을 하나
들 속에 묻히는데,

해거름 출렁이는
붉은 노을

하늘 땅 가득히 차고 넘친다.

– 〈지평의 들〉(제8시집) 에서.

지평선地平線은 시인의 고향인 전라북도의 금만金堤 萬頃 평야의 대명사라 한다.

시선視線의 넓이가 '아스라이 트인/ 광활한 들녘' 〈지평선 서시〉으로 시작한다.

'바람이 쉬어가고'. '물이 흐르다가 조용히 잠' 이 드는 또는 '햇볕이 들판을 다 채우지 못하는 아득함' 속에 어쩌다 마을이 점처럼 박히는 정경은 얼마나 넓고 또 광대한 들판,– 가없이 넓고 끝없이 전개된 평야의 풍경인가를 짐작할 수 있는 김제라는 바라만 보아도 배부른 고장이다. 김제는 본래 백제의 벽골군碧骨郡이었지만, 신라 때에 지금의 이름이 되었고 조선 태조 3년에 명나라 환자宦者인 한첩목아韓帖木兒의 요청으로 김제군의 이름으로 고정된 역사를 가지고 있다. 명량산, 오적죽산, 승가산과 대평大坪, 속칭 김제 萬頃坪을 이루는 지세는 인심이 순후하고 농사일에 부지런한 사람들이 사는 곳이라 〈동국여지승람〉은 기록하고 있다. 얼마나 비옥하고 농산물이 풍부했으면 읍내에 창倉 2곳이 있고, 동쪽으로 도창杜倉, 서쪽으로 해창海倉이 있다는 옛 기록으로도 증명하고 있다.

최시인의 시적 원형은 배부르고, 따스하고, 인심 좋은 들판을 바라보고 어린 날부터 생장했기 때문에 그의 시는 언어의 질감質感이 유연하고, 언어의 탄력과 더불어 감수성이 풍부한 상상력의 벌판이 광활하다는 말로 대신할 수 있을 것이다.

봄에는 '푸르름이 난무亂舞하고 새싹들이 옹알이' 하는 '소리' 로 듣는 계절의 에너지가 넘치듯 부산하다면, 진군을 독려하는 나팔소리가 들리는 것 같은 여름의 들판은 가득해진 마음이, 금만평야에 가득해지는 충만이 시선을 사로잡을 때는 가을의 징게 맹경의 들판은 이미 '벼이삭들이 춤추는' 풍경으로 변모한다. 겨울은 '넓은 들이 어느 새 잠자는 거대한 사자' 로 누워있는 형용을 보고 듣고 자란 시인의 마음속에는 시적 이미지의 저장고로 작동된다.

농사꾼은
새벽별 보며 들에 나가
달덩일 짊어지고 집에 온다.

굶어 죽는 한이 있어도
씨나락에 손대거나
절대로 까먹지 않는다.

흰쌀밥 한 사발은
남 줄망정
거름 한 그릇은 주는 법이 없다.

– 〈지평의 농사꾼〉 (제8시집)에서.

징게 맹경을 지키는 사람들의 모습이 투영된다. 아침에

나가 별을 짊어지고 돌아오는 부지런함과 성실함은 들판을 더욱 윤택하게 하는 요인 –, 농부의 성실이 아니면 기름진들판일지라도 아무런 쓸모가 없을 터이지만 밤낮을 잊고 땀 흘리는 사람들이 있기 때문에 지평의 옥토는 이름보다 더 빛나는 풍요를 누리는 요인 –, 시인은 이런 체험의 추억을 시로 재생하는 점에서 그의 뇌수腦髓에는 의식의 지평이 넓이와 깊이로 언어를 조종하는 것 같다.

시는 상상력의 날개를 달고 출발하지만 상상의 바탕은 체험이라야 한다. 다시 말해서 체험의 다양성은 곧 시의 상상력의 의상을 걸치고 비로소 시의 형태로 나타나는 이치를 대입하면 어린 날의 체험이 정신의 바닥에 엎드려있다 어느 순간에 세상으로 나오는 모습이 곧 체험의 미화가 시라는 등식으로 성립된다. 결국 시는 체험을 어떻게 요리하고 어떤 경로로 언어의 의상을 걸치는가에 따라 시적 미감美感은 삶의 현장을 노래하는 일에 다름이 아닐 것이다. 최시인은 환경의 혜택을 받았다는 이유가 바로 풍요의 땅에서 그의 시심詩心을 일구는 작업에 행운이 따르는 결말이 된다. 사막에서 자란 사람은 사막의 표정을 많이 노래하고 산에서 일생을 보낸 사람은 산의 노래가 대부분일 것이라는 추정은 환경이 시에 미치는 요인이라는 점이 확인 된다.

3. 강 그리고 물의 이미지 구사

물은 인간의 신체구조에서나 자연의 원리에서 절대요소로 나타난다. 지구는 물이 3분의 2를 차지하였고 인간의 신체조직도 이와 비슷하다는 점에서 인간은 환경의 지배 속에 있는 존재일 것이다. 태내胎內 양수를 비롯해서 물은 곧 생명의 근원으로의 절대적 이름이면서 생활을 이어가는 에너지의 이름으로 작용된다. 베다의 경우엔 모성을 상징하는가하면 재생과 소생을 암시하는가하면서 소멸과 무라는 궁극에서 물은 언제나 순환의 이름을 생명으로 연장한다. 가령 물이 증발하면 수증기는 구름이 되고, 구름이 모여서 다시 비가 되는 이치--, 있음과 없음이 교차하면서 윤회의 거대한 생명의 바퀴살을 굴리는 우주의 신비는 물이 없으면 성립되지 않는 것이다. 물은 흐름이라는 유동성에서 살아있는 원형이 내포된다. 멈춤은 곧 썩음이 되고 이는 죽음이라는 물의 이중성을 나타내는 것이라면 죄를 씻는 세례의식이나 땅을 적시는 초목의 키움 또는 목욕재계의 정갈함 등은 모두 물이라는 원초적인 암시에서 시의 이미지는 근접된다.

강은 시인의 정신의 줄기를 구성하면서 면면綿綿이 이어지는 최초의 내면으로 통하는 길을 만들면서 시심의 개화를 위한 심리적인 물기로 작동된다. 그 최초의 조짐은 제 3시집 《밀물 썰물》에서 구체적인 형체를 나타낸다. 물로 제 1시집에 〈강변 일기〉가 있기는 하지만 막연한 강으로 나타났고, 냇가나 바다 등이 있지만 고향을 흐르는 강에 대한 출발은 3시집에서 구체적으로 나타난다.

내 마음 가없는 금만金萬평야
꼬리 기다란 한 가닥 강이 있어
자진모리가락으로 출렁이며 흐르네.

출렁임은 뽀얀 안개로 스러지느니
강가에 앉은 나 또한 이대로 흘러
덧없는 물거품 앙금으로 사라지리.

강물은 우리 모두의 어머니,
너와 나는 이로 부터 비롯되어
마침내 그에 합류하는
한줄기 수맥水脈.

강은 나날이 한 뼘씩 일어서며
있고 없음의 이 저쪽 바람으로
철철이 굽이치며 즈믄해를 넘치네.

– 〈江. 2〉 (제3시집) 에서.

김제 만경평야가 의식 전면으로 등장하는 장면이다. 이는 잠재되었던 강의 이미지가 의식의 전면으로 나타나면서 제 9시집(발간 중)에 와서는 연작의 형태로 왕성한 수로를 형성한다. 제 3시집이 1986년 발간이고 제9시집이 2012년임을 비교하면 그 간격은 4반세기라는 세월의 거리가 존재하면서 물의 이미지가 섬으로 의식의 확대 현상에서 물(바다)과 만난다. 민경강의 줄기는 무려 1,531㎢인 호남평야의 중심부를 거쳐 서해바다로 나가는 98㎞의 장강이다. 이 강을 바라보고 체험한 시인은 유동流動의식의 잠재된 시심이 길을 떠나는 외형이지만 시인의 내면엔 불가佛家적인 상징이 더해진다.

'덧없는 물거품 앙금으로 사라지리.' 의 니힐의식이 강물을 바라보면서 내면을 장악한 인상을 준다는 뜻이다. '있고 없음의 이 저쪽 바람으로' 에서 차안此岸에서 피안彼岸으로의 강을 건너는 삶에의 고달픈 여정을 불심으로 채우는 허무는 곧 자기를 자각한 48세 무렵에 인생관이 드러나는 조짐이다. 이런 현상이 시인의 의식 바닥에 엎드려 있다 제 9시집에 오면 강물이 바다의 외로운 섬으로 고독을 심화하게 된다. 이는 나이의 깊음과 여기서 오는 허무는 인생의 깊이에서 나오는 체험의 강물일 것 같다.

드넓은 바다에
옹기종기 떠 있는 섬들은
이미 섬이 아니다.

세상의 예저기
얽혀 사는 이들도
더불어 외톨이가 아니다.

섬 속의 외톨이
외톨이 섬은
서로 끼리의 어울림이다.

섬들 속의
외톨이
사람 속의 외딴섬,

아. 끝끝내 닿을 수 없는

절대 분립分立의
차디찬 손이다.

— 〈섬. 25〉(제9시집) 에서.

연작시는 해야 할 생각 그리고 하고 싶은 생각을 연결하면서 한 편의 풍경을 만드는 시적 작업이다. 소품으로의 단편적인 풍경이 아니라 장강의 풍경화를 위해 이미지의 겹침을 피하고 하나는 전체를, 전체는 하나의 풍경으로 만드는 일이기 때문에 의식의 수원지가 풍부해야 한다. 연작 25까지 연결되는 지구력은 놀랍다. 그만큼 시인의 내면을 장악하고 있는 이미지의 수량水量이 풍부하고 또 오래전부터 이어온 맥락을 느끼게 된다. 인간은 세상의 바다에 누구나 외톨이로 떠 있는 섬이고 구성원의 모두일 것이다. 곧 섬은 심연의 결과물이면서 누구나 피 할 수 없는 숙명의 이름이기 때문에 피해갈 수도 없고 오로지 정면으로 맞아들여야 할 이름이라는 것, --이를 아는 일은 젊어서는 모른다. 세상의 체험을 겪고 난 후에야 깨닫게 되는 숙제의 이름이기 때문이다.

최종규 시인은 이런 숙제 앞에 정답을 골몰이 생각하면서 연작시를 끌고 가는 모습이 근엄하다. 왜냐하면 누구나 해야 할 일이지만 괴롭게 아픔을 받아들이는 것이 아니라 담담하고 순수한 순치馴致의 달관이 자리하고 있기 때문이다. '사람 속의 외딴 섬' 이면서 또 외딴섬 속에서 삶을 바라보는 신선함에 인간미가 들어 있는 휴머니티의

물기가 따스하다.

4. 중추의 산-모악산

산은 의식의 중추이자 사고의 갈래를 이어주면서 작은 길을 만들게 된다면 하나의 비유 –, 나무는 곧게 서있음 때문에 아름다움을 만들고 여기엔 작은 가지들이 나무라는 커다란 풍경을 만들 때, 미적 상상력을 부추기게 된다. 최종규 시인은 무악산 즉 모악산의 줄기를 받고 그의 시적 모티브를 키우고 뻗어나가는 시의 산맥을 이룩하게 된다.

제 7시집 《엄뫼에 내리는 하늘》에서 엄뫼毋岳 연작시로 시 산맥의 줄기가 어떤 영향 혹은 작용하는가는 이미 시험을 마쳤다.

'그동안 나는 시를 쓰면서 내 향토적인 것을 비교적 많이 소재로 썼지만 엄뫼에 대한 시는 감히 엄두를 내지 못했었다. 엄뫼가 너무 장엄한데다 골짜기 등성이마다 전설 등이 많아서 이를 모두 가려내어 쓰기가 쉽지 않은 것 같았고……'

제7시집 《엄뫼에 내리는 하늘》의 〈서문〉에서.

최 종규와 대학동문인 채규판이 쓴 제2시집의 발跋을 시작으로 제 3시집에 평설을 쓴 박진환은 〈향토애와 현실의식의 심상미학〉과 제 4시집에 김동수의 〈구원의 코스모스를 향한 고독한 행려〉제 5시집엔 조병무의 〈단절의식과 심상 고뇌〉 제 6시집에는 이유식의 〈향토애. 나. 현실 –그 종합의 균형감각〉 제 7시집은 졸고 〈정신의 안주처와 시적 장치〉 제 8시집엔 심상운이 〈시공을 초월한 존재의 푸른 그림자>로 제목을 달고 있다.

박진환과 이유식. 채수영 등은 고향의 정서가 최시인의 정신의 원형이라는 의미로 기록하고 있다. 이로 보면 최시인은 향토애의 정서가 시적 근간을 형성하고 있음을 뜻한다. 제 5시집 《장안산 억새꽃》부터 산의 구체성이 나타나는 바. 〈산의 서시〉에서는,

산은 태초부터 거기 서서
억겁億劫을 혼자서 침묵하며
언제나 웅장하게 솟아있다.

로 산의 웅장함이 의식의 전면으로 나오는 출발이 된다. 이 산의 의미는 마이산도 아니고 장안산도 아닌 바로 엄뫼의 산을 뜻하는 바 《엄뫼에 내리는 하늘》로 가기 위한 예비적인 준비라면 옳은 답이 될 것이다. 그러나 구체적인 등장은 제 6시집 《마음과 마음 사이로 흐르는 강물》(1998년)에서 최초로 모악산의 이름이 시로 나타난다.

모악산母岳山은 호남의 어머니
따뜻한 그 품 안에
포근히 모두를 감싸 길러내고,

…… 중략 ……

전북 김제金堤시 금산金山면
금산金山리 산 1번지의 정상頂上
금金이 산山이 되어 가득 채워진 알짜,

인자한 어머니가
어린아일 껴안고 있는
현모포자형격賢母胞子形格의 자태.

호남에 바람 불고 눈 비 내려도
모악산은 어머니 마음
흔들림 없이 모두를 감싸 안아준다.

－〈모악산〉(제7시집) 에서.

호남을 지켜주고 호남의 비바람을 막아주는 어머니 산 모악산은 시인의 정신적인 지주支柱의식으로 뼈대가 된다. 이 뼈는 포근하고 따스하면서 모두를 감싸주는 모성애로 작용하는 사랑에 근본이 머물고 있다 이런 산을 어린 날부터 토방 댓돌에서 바라볼 수 있는 지척의 거리에서 보고 느끼면서 정신 속에 공고鞏固한 정신의 중추가 되었다는 시인의 고백이 서문에 적시摘示된다. 더구나 어머니는 고향의 정서이면서 생의 원천을 점령하는 감수성이면서 언젠가는 돌아가야 할 필연의 이미지로 다가들 때, 수구초심首丘初心의 귀의처로 남게 된다. 어떤 사람이든 어머니 혹은 고향의 정서 앞에서는 숙연해지고 솔직해지는 마음을 갖는 것이 보편성이기 때문이다. 어떻든 모악산이 시로 출현하기까지는 상당한 시간을 소요했고 비로소 2000년 제7시집에 와서 전면으로 포진하게 된다.

호남 내륙 한가운데 서서,
전라도의 기상
전북인의 얼을 키우고 북돋으며

특유의 여성스러움
자애의 모성—,
그 음기陰氣로,

〈엄뫼의 얼〉처럼 전라도의 기상을 키우고 어머니의 자애로 사랑을 펼쳐 보이는 모악산엔 10여종의 파충류를 키우고 각시붕어, 휘파람새, 딱정벌레, 졸참나무 등 수많은 생명체를 안아 키우는 역할에 시심을 투영하는 최종규 시인의 마음은 이미 산과 시인이 하나로 통합된 정서의 일치를 보일 때, 산과 시인은 구분이 안 되는 조화調和의 경지로 몰입된다. 시는 대상과 시인이 일체화할 때, 감동을 수반한다면 여기서 모악산은 이미 최종규 시인의 의식과 통합의 풍경이 되었다는 뜻이다.

5. 에필로그 --, 향토서정의 조화 그 정점

1. 산이 중추를 이루는 뼈라면 모악산은 시인과 육화된 정서가 되었을 때, 산이 아닌 마음속에서 살아있는 사상의 근간을 이루는 점에서 정신의 기둥을 넘어 모든 독자

의 의식을 두드리는 깨달음의 메시지로 다가드는 모악산에 시의 줄기가 화려하다.

2. 강은 생명의 원형이고 생의 윤활유로 작동될 때, 절대 필수적인 요소로 메시지를 남긴다면 자연의 실핏줄로 흐르는 물줄기에서 장강長江이 되고 다시 커다란 바다로 나아갈 때 비로소 대해의 넓이에 깊이를 충족할 수 있을 것이라면 생명의 강인 만경강은 시인의 의식을 옮기는 또 다른 이미지일 뿐만 아니라 노년의 고독을 섬으로 의인화하고 있다.

3. 지평의 들은 호남의 생명을 키운 양식糧食의 개념을 넘는 의식의 확대-, 배고픔을 해결하는 일은 자고로 중요한 인간의 덕목이었다면 호남평야-, 김제 만경의 들은 시인의 가슴속에 자부심이자 의욕으로 에너지를 키우는 또 다른 시심의 원천을 담고 있는 들판이라 칭할 수 있을 것이다.

4. 이미지운동의 선구자 E. Pound는 시어의 구사에 견고 hard, 간결하고 simple, 정확하고 precise, 선명 vivid성을 현대시의 특질로 언급했다면, 여기에 최시인은 따스하고 warm 안온함 soft을 더한 휴머니스트적인 시선이 아주 특기할 만한 시인이다.

〈끝〉

<저자 약력>

■ 崔 宗 奎 (본명 : 崔洪基)
1938년 전북 김제 용지 봉의(영동)생
원광대학교 국어국문학과 졸업
1962~64년 '現代文學' 誌 시 3회 천료.

■ 시집 : '初雪' . '歲月' . '밀물 썰물' .
'회색 偶像' . '長安山 억새꽃' .
'마음과 마음 사이로 흐르는 강물'
'엄뫼에 내리는 하늘' .
'흘러가는 저 강물에' .
'섬. 25' 등.

■ 한국문협. 국제pen클럽.
한국 자유시협. 전북문협 등 회원.

■ 전북도 문화(문학부문)상.
전주시 풍남문학상 본상.
백양촌문학상.
표현문학상.
모악문학상.
원광문학상.
퓨쉬킨탄생 209주년 시문학 대상 등.

■ kt전화국장 정년퇴임 후
한국풍수지리연구원 운영(1998~현재)
2005~2012년 벽성대학 교수.

E-mail: orok211@daum. net

섬. 25

■

지은이 | 崔宗奎

■

초판(500부 한정판) 2012년 10월 10일

■

펴낸이 | 길명수
펴낸곳 | 배문사
출판등록 1989년 3월 23일, 제10-312호
주소 서울시 서대문구 충정로 2가 37-18
전화 (02)393-7997
팩스 (02)313-2788
e-mail pmsa526@empas.com

■

편집 인쇄 삼중문화사

ISBN 89-87643-74-8 (03810)

값 13,000원